Gesunde Power aus dem
Entsafter

Estérelle Payany

Gesunde Power aus dem
Entsafter

Säfte, Suppen,
Snacks & Desserts

Aus dem Französischen von Elisabeth Liebl

HANS-NIETSCH-VERLAG

INHALT

Was Sie schon immer über

ENTSAFTER

wissen wollten

Sie zögern noch, einen Entsafter anzuschaffen? Oder haben Sie gerade einen gekauft und sich noch nicht mit ihm angefreundet? Hier finden Sie alles Wissenswerte, damit Sie Ihren Entsafter optimal nutzen können.

Wie funktioniert ein Entsafter?

Nach dem Prinzip der Endlosschraube zerkleinert der Entsafter zunächst mit einer Pressschnecke das Obst und Gemüse. Anschließend trennt ein Filtersystem das Pressgut in Saft und ballaststoffhaltigen Trester. Doch mit einem Entsafter können Sie nicht nur Saft, sondern auch Pürees herstellen, Getreide und Gewürze mahlen, gekochtes Gemüse durchpassieren etc. ...

Seine große Stärke: Da Entsafter mit einer sehr niedrigen Umdrehungszahl arbeiten (je nach Modell zwischen 40 und 120 Umdrehungen pro Minute), werden die Nahrungsmittel nicht erwärmt. Dadurch bleiben wertvolle Vitamine und andere Vitalstoffe*, vor allem die Enzyme erhalten. Da zudem beim Entsaften wenig Sauerstoff eingewirbelt wird, ist der austretende Saft nicht nur reich an Mineralstoffen, sondern auch an Vitaminen, Antioxidantien und allen anderen sekundären Pflanzenstoffen, die leicht zerstört werden können, wenn sie mit Sauerstoff in Kontakt kommen.

Der feine Unterschied zu Zentrifugalpressen und Turbo-Mixern

Im Unterschied zum Entsafter mit einer Pressschnecke trennt die Zentrifugalpresse Saft und Trester durch Schleudern des Pressguts. Da dies bei hoher Geschwindigkeit geschieht, oxidiert der Saft schnell, bleibt daher nicht lange frisch und enthält deutlich weniger Vitalstoffe. Darüber hinaus ist die Saftausbeute von Zentrifugalpressen häufig geringer und

---

* Der Begriff „Vitalstoffe" wurde erstmals 1935 vom Chemiker Hans A. Schweigart verwendet. Er verstand darunter Vitamine, Mineralstoffe und Spurenelemente sowie essenzielle Amino- und Fettsäuren. Der Ernährungswissenschaftler Max Otto Bruker zählte auch die Ballaststoffe dazu. Später entdeckte die Forschung noch weitere für unsere Ernährung wichtige Pflanzenstoffe. In diesem Buch sind all diese Bestandteile (Mikronährstoffe) unter „Vitalstoffe" zusammengefasst – im Unterschied zu den Makronährstoffen Eiweiß, Fett und Kohlehydrate. (Anmerkung d. dt. Hrsg.)

die Geräte sind zudem schlechter zu reinigen. Beim Mixer hingegen bringen es die Messer auf bis zu 30.000 Umdrehungen pro Minute: Und der dabei entstehende „Saft" enthält neben den Nähr- und Vitalstoffen auch alle Ballaststoffen.

Die Vorteile des Entsafters

Entsafter gehören vielleicht noch nicht zur Standardausstattung einer modernen Küche. Doch Sie werden staunen: Mit einem Entsafter können Sie eine Vielzahl traditioneller Rezepte zubereiten. Verwenden Sie ihn:

- für Gerichte mit körniger oder stückiger Konsistenz: Im Mixer entsteht daraus schnell ein glattes Püree. Im Entsafter hingegen können Sie eine Mischung herstellen, die noch Biss hat und mit erstaunlichen geschmacklichen Kontrasten überrascht. Zudem bleibt der Geschmack der einzelnen Zutaten erhalten. Überzeugen Sie sich selbst und bereiten Sie z. B. ein Pesto zu: Sie werden den Unterschied schnell herausschmecken! Und auch für ein klassisches Kartoffelpüree ist der Entsafter ein perfekter Helfer. Gewöhnlich macht man es von Hand, weil sich die gekochten Kartoffeln im Mixer in einen klebrigen Stärkeleim verwandeln. Das kann Ihnen mit einem Entsafter nicht passieren!
- für Säfte: Mit dem Entsafter gepresst, enthalten sie keine Ballaststoffe mehr. So kann der Körper die enthaltenen Vitalstoffe direkt aufnehmen. Die Verdauung wird deutlich entlastet und der Körper absorbiert die enthaltenen Vitalstoffe bereits nach 20 Minuten. Kurzum, mit dem Entsafter können Sie im Handumdrehen Vitaminbomben zaubern, die Ihren Organismus beleben. Da der Saft ohne Erwärmung hergestellt wird, kann er mit deutlich mehr Aroma aufwarten und bleibt zudem länger frisch. Ein zentrifugierter Saft muss innerhalb einer Stunde getrunken werden. Ein Saft aus dem Entsafter bleibt je nach Gerät im Kühlschrank 12 bis 72 Stunden frisch.

Tipps zur Anschaffung

Bevor Sie sich auf ein bestimmtes Entsaftermodell festlegen, sollten Sie folgende Fragen klären:

- Wollen Sie den Entsafter täglich nutzen (für den Frischsaft am Morgen)? Oder nur gelegentlich (im Sommer, während der Saison bestimmter Obst- und Gemüsesorten)?
- Haben Sie ausreichend Platz, um ihn auf der Arbeitsfläche stehen zu lassen?
- Welches Gerät nutzen Sie bereits?
- Wollen Sie damit mehr machen als nur Säfte?
- Ist das Zubehör (für die Herstellung von Nudeln und Plätzchen) im Lieferumfang enthalten oder müssen Sie es extra kaufen?

Es wäre natürlich ideal, wenn Sie sich einen Entsafter zunächst ausleihen könnten, um auszuprobieren, ob er Ihren Bedürfnissen entspricht. Ich habe meinen Entsafter ursprünglich nur gekauft, um damit Gemüsesäfte zu machen, doch seine Pürierfunktion hat mich schließlich überzeugt. Daher habe ich meine Küchenmaschine von der Arbeitsplatte verbannt, um mehr Platz für den Entsafter zu haben. Seitdem esse ich sehr viel mehr Gemüse (meist als Dip oder Brotaufstrich) und gebe viel weniger Reste in den Bio-Abfall als früher, vor allem bei Kräutern. Auch diesen Aspekt sollte man bei der Anschaffung eines Entsafters in Betracht ziehen!

Und noch einen Vorteil hat der Entsafter: Er lässt sich sehr leicht reinigen. Dieser Aspekt erscheint zunächst nebensächlich, aber ein Gerät wandert schneller in die Abstellkammer, wenn die Einzelteile nicht in den Geschirrspüler passen oder Sie es nach der Verwendung stundenlang sauber machen müssen. Je einfacher, desto besser!

Tipps zur Pflege
Sobald Sie sich für ein bestimmtes Modell entschieden haben, sollten Sie sich Zeit nehmen, um die Gebrauchsanweisung aufmerksam zu lesen. Gewöhnlich werden Entsafter mit einem Stößel oder Stopfer geliefert, mit dem Sie Obst oder Gemüse in die Presse drücken können. Verwenden Sie jedoch niemals und unter keinen Umständen etwas anderes zu diesem Zweck, vor allem keinen Messergriff oder Kochlöffel: Diese können die Schnecke beschädigen oder schnell zum Wurfgeschoss werden. Wenn Sie etwas entsaftet haben, sollten Sie Ihren Entsafter unmittelbar danach spülen und waschen: Einige Gemüsesorten können ihn verfärben und der Trester ist zudem leichter zu entfernen, wenn er noch nicht trocken ist. Den Filter reinigen Sie am besten, indem Sie ihn in lauwarmem Wasser einweichen.

Unterschiedliche Modelle
Zwischen einer handbetriebenen Saftpresse, die rund 50 Euro kostet, und den Hochleistungsgeräten, für die Sie mitunter das Zehnfache investieren müssen, gibt es natürlich Unterschiede. Daher möchte ich Ihnen im Folgenden die verschiedenen Entsaftertypen vorstellen, die derzeit im Handel erhältlich sind.

- Handbetriebene Saftpressen: Diese lassen sich meist am Tisch befestigen, damit Sie genug Platz haben, um Ihre Muskeln spielen zu lassen: Sie entsaften, indem Sie fleißig eine Kurbel drehen. Eine handbetriebene Saftpresse ist praktisch für weiche Gemüse- und Obstsorten wie Tomaten, Erdbeeren oder Himbeeren. Sie ist aber auch für vergleichsweise zarte Sorten von Äpfeln und Birnen sowie für Salatgurken oder Salat geeignet. Sobald Sie allerdings Wurzelgemüse wie Rote Bete entsaften wollen, wird es schwierig! Die *Green Power* Saftpressen sowie die Saftpressen *Tribest Z-Star*, *Lexen* und *Defort* sind eine gute Wahl für die Reise oder für die Herstellung von Beerensäften und Tomatencoulis. **Vorteile:** Sie werden zum kleinen Preis verkauft und punkten mit einem geringen Gewicht.
- Vertikale Entsafter: Bei diesen Geräten ist die Pressschnecke vertikal ausgerichtet. Ihr Filtersystem ähnelt einem Kaffeefilter. Die bekanntesten vertikalen Entsafter sind die *VRT*-Modelle von *Omega*; der *FruitStar*, der *Slowstar* und der *V536ED* von *Excalibur* sowie die *Hurom*-Entsafter. Sie haben jedoch den Nachteil, dass man damit nur Säfte herstellen kann. Nur bei wenigen Modellen bieten die Hersteller mittlerweile Aufsätze zum Pürieren an. Gebäckaufsätze gibt es gewöhnlich nicht. **Vorteile:** Das Entsaften geht schnell und

erfordert nur minimalen Kraftaufwand. Die Geräte brauchen in der Küche wenig Platz und lassen sich leicht reinigen.

- Horizontale Entsafter mit einer Pressschnecke: Sie sehen im Grunde aus wie ein Toaster. Einfüllstutzen und Pressschnecke lassen sich schnell montieren. Die gängigsten Modelle sind *SoloStar*, *Omega*, *Oscar* sowie *Excalibur H507ED*. Damit können Sie nicht nur Säfte herstellen, sondern auch pürieren oder grobkörnig zerkleinern. Mit den verschiedenen Aufsätzen lassen sich sogar Nudeln und Backwaren herstellen. Ihr Schwachpunkt: Die Saftausbeute ist geringer als bei einem Entsafter mit Doppel-Pressschnecke, vor allem bei den Grassäften. **Vorteile:** Sie sind vielseitig einsetzbar, einfach zu bedienen und praktisch in der Handhabung.

- Horizontale Entsafter mit Doppel-Pressschnecke: *Angel Juicer*, *Green Star* und *Green Star Elite* liefern eine optimale Saftausbeute und die Säfte bleiben bis zu 48 Stunden frisch. Das Pressgut wird durch zwei Pressschnecken transportiert, die je nach Modell wie Spiralen ineinandergreifen. Auf diese Weise wird eine große Saftausbeute erzielt. Meist sind sie schwieriger zu reinigen als Geräte mit einer Pressschnecke und liegen preislich deutlich höher als diese. Allerdings holen sie auch aus allem, was Sie hineinstecken, das Maximum heraus! Bei einigen dieser Geräte kommen Magnete und Biokeramik zum Einsatz, um den Mineralstoffgehalt der Säfte zu steigern, was eine echte Bereicherung darstellt. Ein solcher Entsafter macht sich auf lange Sicht bezahlt. **Vorteile:** ausgezeichnete Saftausbeute

Von links nach rechts: Handbetriebene Saftpresse: *Healthy Juicer*;
Vertikaler Entsafter von *Omega*;
Horizontaler Entsafter mit einer Schnecke: *SoloStar 3*;
Horizontaler Entsafter mit Doppel-Pressschnecke: *Green Star*

Frischsaft und seine Vorzüge

Anders als ein im Mixer hergestellter Smoothie enthält Frischsaft keine Ballaststoffe (festen Bestandteile) und versorgt uns daher viel schneller mit Vitalstoffen. Wissenschaftliche Untersuchungen belegen, dass der Körper die in Frischsäften enthaltenen Vitalstoffe in weniger als einer Stunde aufnehmen kann. Diese erhöhte Bioverfügbarkeit bedeutet: Sie nehmen bereits mit einer kleinen Menge Saft reichlich Vitamine, Mineralstoffe, Antioxidantien und Enzyme auf. Eine große Salatschüssel voller Obst und Gemüse ergibt gewöhnlich zwei große Gläser Saft. Mit dem Entsafter fällt es Ihnen garantiert leichter, täglich die nötige Vitalstoffmenge zu sich zu nehmen, ob Sie nun jeden Morgen einen Frischsaft trinken oder einen Safttag pro Woche einlegen. Sie haben die Wahl! Finden Sie Ihre eigene Methode, um sich mit Frischsäften fit zu halten.

Dass der Saft keine Ballaststoffe enthält, bedeutet allerdings auch, dass der darin enthaltene Zucker schneller in die Blutbahn gelangt und im gesamten Organismus verteilt wird. Verwenden Sie also möglichst viel Gemüse. Obst sollte daher in erster Linie dazu dienen, die Säfte etwas zu „versüßen" und den intensiven Eigengeschmack mancher Gemüsesorten abzumildern. Verwenden Sie etwa ein Drittel Obst und zwei Drittel Gemüse für Ihren Saft.

Mit Frischsäften gelingt es Ihnen zudem, all jene Gemüse in Ihre Ernährung zu integrieren, die Sie nicht besonders mögen: Ich mag grünen Salat eigentlich nicht, aber einen Romana-Saft finde ich sehr lecker!

Außerdem können Sie im Entsafter wirklich alles verarbeiten: Gemüsereste (wie etwa Schalen) vom Kochen, Früchte mit kleinen Schönheitsfehlern, die Stiele von Kräutern etc. Auf diese Weise steigern Sie Ihre Obst- und Gemüseausbeute auf ein Maximum und reduzieren Sie Ihre Bio-Abfälle auf ein Minimum!

Tipps für die optimale Saftausbeute

Um 200 bis 250 Milliliter Saft zu erhalten, brauchen Sie je nach Reifegrad und Flüssigkeitsgehalt etwa 300 Gramm Gemüse. Hier ein paar hilfreiche Tipps, wie Sie die Saftausbeute steigern können:

- Schneiden Sie Obst und Gemüse klein und mischen Sie es beim Einfüllen. Wenn Sie abwechselnd wasserreiches und wasserarmes Pressgut in das Gerät geben, entsteht eine natürliche Schubkraft und der Saft wird besonders aromatisch.
- Verwenden Sie abwechselnd saftige Gemüsesorten (Fenchel, Salatgurke etc.) und trockenere. Beginnen Sie immer mit den wasserreichen Blattgemüsen! Spinat, Mangold, Salate oder Kohlblätter sollten Sie zusammenrollen und nach einer harten Obst- bzw. Gemüsesorte (wie Apfel, Sellerie oder Salatgurke) in den Einfüllstutzen schieben.
- Der Trester bestimmter Gemüsesorten kann ein zweites Mal ausgepresst werden, um eine bessere Ausbeute zu erzielen. Wenn der Trester Ihnen feucht vorkommt, können Sie ihn also ruhig ein zweites Mal durch den Entsafter laufen lassen. Dies ist häufig der Fall bei Roter Bete, Karotten und Salatgurken.
- Blattgemüse lassen sich selten ein zweites Mal entsaften: Im Allgemeinen ist der Trester von Blattgemüse sehr trocken. Überprüfen Sie den Trester vor dem zweiten Entsaften.
- Manche Früchte eignen sich nicht so gut zum Entsaften. Verarbeiten Sie sie stattdessen mit der Pürierfunktion. Dazu gehören beispielsweise Bananen, Mangos und Himbeeren!

Wie Sie Ihren Frischsaft aufbewahren

Idealerweise trinken Sie Ihren Saft unmittelbar nach der Zubereitung, um von all seinen Vitalstoffen zu profitieren. Doch Frischsaft bleibt je nach Gerät im Kühlschrank 12 bis 72 Stunden frisch. Geben Sie ihn in ein hohes Glasgefäß, das Sie möglichst bis zum Rand füllen, damit der Saft nicht so leicht oxidieren kann, und geben Sie einen Spritzer Zitronensaft dazu. Eine Flasche mit breitem Hals oder ein Einmachglas eignet sich am besten für die Aufbewahrung von Frischsaft im Kühlschrank.

Kreieren Sie eigene Rezepte!

Der Großteil der Früchte und Gemüsesorten ergibt wohlschmeckende Säfte, wenn man sie mischt. Beachten Sie am besten ein paar einfache Regeln, um sich Enttäuschungen zu ersparen:

- Nehmen Sie zu Anfang nicht mehr als drei Zutaten, wie etwa Apfel – Fenchel – Zitrone, Karotte – Orange – Ingwer oder Rote Bete – Grapefruit – Apfel. Wenn Sie Ihren Lieblingsmix herausfinden wollen, sollten Sie sich fragen, welche Suppen und Salate Sie mögen. Wie wäre es mit Spinat-Staudensellerie-Apfel? Diese Kombination ist fest wie flüssig ein besonderer Genuss.
- Lassen Sie sich von Farben leiten: Ein schlammfarbener oder gelb-bräunlicher Saft verheißt nichts Gutes. Heute haben Sie vielleicht Lust auf einen grünen, gelben, roten oder orangefarbenen Frischsaft. Vertrauen Sie Ihrer Intuition und kombinieren Sie Obst und Gemüse nach Farben, wie z. B.: Tomaten, Erdbeeren und Rote Bete!
- Bei den blättrigen Sorten ist Abwechslung Trumpf: Blattgemüse (wie Sauerampfer, Spinat, Mangold, Rote-Bete-Grün und Rübenblätter) ist reich an Oxalsäure. Diese behindert die Assimilation von Eisen und Kalzium und sollte daher nicht in großen Mengen verzehrt werden! Geben Sie Obst und Gemüse dazu, das viel Vitamin C enthält (wie Kiwi, Paprika oder Zitronensaft), wenn Sie aus diesen Blättern Saft machen wollen. Und wechseln Sie häufig die Sorte, wenn Sie grüne Blätter entsaften.
- Vorsicht bei intensiven Aromen: Beim Entsaften werden sie verstärkt. Geben Sie Ingwer, Rettich oder Sprossen also nur in kleinen Mengen dazu. Entsaften Sie sie lieber ein zweites Mal, wenn Sie ihr Aroma betonen wollen. Sonst wird Ihr Saft schnell ungenießbar.

Wie Sie den Trester verwenden können

Bei einigen Obst- und Gemüsesorten bleibt noch etwas Flüssigkeit im Trester zurück. Auch wenn es sich dabei hauptsächlich um Ballaststoffe handelt, die kaum noch Vitamine enthalten, so lässt sich der Trester doch weiterverwenden für

- Pancakes (Seite 18) oder Karottenkuchen (Seite 20),
- Brotteig und Muffins,
- die Füllung von Ravioli oder Cannelloni,
- Tomatensauce,
- Gemüsesuppen und
- Tofu-Dips oder Joghurtsaucen wie Zaziki.

Säfte aus Gräsern oder 12-Tage-Kräutern

Frische Getreidegräser oder 12-Tage-Kräuter (die man erhält, indem man Körner oder Samen aus biologischem Anbau etwa 10 bis 12 Tage bei Licht keimen lässt) enthalten 70 Prozent Chlorophyll und wichtige Vitalstoffe wie etwa Eisen, Carotine oder Folsäure. Chlorophyll ähnelt in seiner Molekülstruktur dem Hämoglobin, das den Sauerstoff im Blut transportiert. Der grüne Blattfarbstoff reinigt den Organismus und stärkt das Immunsystem. Daher wird der Saft aus Getreidegras auch als „Lebenselixier" oder sogar als „pflanzliches Blutplasma" bezeichnet.

Der amerikanische Chemiker Charles Schnabel wies schon in den 1930er-Jahren auf die positiven Wirkungen des Weizengrassaftes hin. Natürlich können Sie auch Gerstengras- oder Kleesaft trinken, die einen ebenso intensiven süßlichen Geschmack haben. Doch normalerweise trinkt man diese Säfte nur in kleinen Mengen von höchstens 30 bis 50 Millilitern. Oder man mischt sie beim Entsaften mit anderen Gemüsesorten.

Weizengrassaft ist mittlerweile zum Inbegriff für lebendige Nahrungsmittel und Rohkost geworden, denn das Grün des Chlorophylls schenkt uns die ganze Lebenskraft der Sonne. Und so wurde dieses nahezu mythische Getränk zum Symbol vollkommener Gesundheit.

Doch nicht alle Entsafter ermöglichen uns den Genuss dieses grünen Elixiers. Wenn Sie also häufig Weizen- oder Gerstengrassaft genießen wollen, sollten Sie sich einen Entsafter mit Pressschnecke oder Doppel-Pressschnecke zulegen, der sich besser für Gräser eignet.

Alle gekeimten Körner (wie Dinkel, Buchweizen, Hirse, Soja, Erbsen oder Sonnenblumen) können entsaftet werden, allerdings haben sie oft einen starken Eigengeschmack: Doch eine Handvoll Sprossen reicht schon aus, um jeden Saft zusätzlich mit Vitalstoffen anzureichern.

Säfte aus Gräsern oder 12-Tage-Kräutern aufbewahren

Die beste Methode, um Frischsäfte aus Sprossen aufzubewahren, ist das Einfrieren. Verwenden Sie dafür am besten eine Eiswürfelschale. So können Sie Ihre tägliche Portion bequem entnehmen. Natürlich können Sie diese grünen Eiswürfel auch in Ihre Smoothies oder die selbst gemachte Gazpacho geben.

Jetzt können Sie Ihren Entsafter anschalten und nach Herzenslust leckere Frischsäfte oder cremig zarte Pürees zubereiten.

SÄFTE, SUPPEN UND SNACKS ...

FRESHBET

Diese feine Mischung gibt der Roten Bete einen Frischekick und nimmt ihr den erdigen Geschmack. Ein echtes Sommergetränk!

Für etwa 400 Milliliter • 1 rohe Rote Bete (etwa 200 g) • 1 Fenchelknolle (etwa 200 g) • 2 Äpfel (etwa 150 g) • 1 kleine Birne (etwa 80 g) • 6–8 frische Minzeblätter • Saft von ½ Limette

Rote Bete schälen und in Würfel schneiden. Die äußere Schicht des Fenchels entfernen und die Knolle grob in Stücke schneiden. Äpfel und Birne vom Kerngehäuse befreien und ebenfalls in Stücke schneiden. Rote Bete, Fenchel, Äpfel und Minze in den Entsafter geben. Zum Schluss die Birne einfüllen. Den frisch gepressten Limettensaft dazugeben und gut durchmischen.

MON PETIT CHOU!

Kohlsäfte sind nicht jedermanns Sache, doch Rotkohl ist die mildeste Kohlsorte. Mit süßen Aromen gemischt, zeigt er sich von seiner besten Seite.

Für etwa 400 Milliliter • 1 rohe Rote Bete (etwa 200 g) • 2 Karotten (etwa 200 g) • 2 grüne Äpfel (etwa 150 g) • 200 g Rotkohl • 125 g Himbeeren

Rote Bete sowie Karotten schälen und in Würfel schneiden. Äpfel waschen, vom Kerngehäuse befreien und in Stücke schneiden. Rotkohl ebenfalls grob in Stücke schneiden. Die Himbeeren gut abspülen. Rote Bete, Karotten, Rotkohl und Äpfel nacheinander entsaften. Den Pürieraufsatz bzw. die Pürierscheibe einsetzen. Die Himbeeren in den Entsafter geben, zu feinem Püree verarbeiten, dieses in den Saft hineinrühren.
Tipp: Durch das Himbeerpüree wird dieser Saft so sämig wie ein Smoothie. Die Himbeeren nicht durch das Entsaftungssaftsieb geben, denn sie enthalten nur wenig Flüssigkeit. Am besten pürieren Sie sie.

CASIMIR

Vereinen Sie die Köstlichkeiten des Winters in einem Cocktail, den Ihre ganze Familie lieben wird! Dieser Power-Saft ist im Handumdrehen zubereitet.

Für etwa 700 Milliliter • 4 Äpfel (etwa 300 g) • 3 Birnen (etwa 300 g) • 3 Karotten (etwa 300 g) • etwa 2 cm frische Ingwerwurzel (ein daumengroßes Stück) • 2 Orangen

Äpfel und Birnen waschen, entkernen und ungeschält in Stücke schneiden. Die Karotten waschen und schälen. Karotten, Äpfel und Birnen entsaften. Den Ingwer sparsam schälen und ebenfalls entsaften. Die Orangen auspressen und ihren Saft unterrühren.
Tipp: Wenn Sie Orangen oder andere Zitrusfrüchte entsaften, tritt ihre Bitternote (je nach Frucht und Entsaftermodell) stärker hervor. Am besten Sie testen vorab, wie bitter die Orangen beim Entsaften werden.

KONFETTI-PANCAKES

Den Trester von „Casimir" können Sie für diese köstlichen süßen Pfannkuchen nutzen.

Für etwa 12 Pfannkuchen • 150 g Mehl • 2 TL Natriumbikarbonat (Natron) • 2 Prisen feines Meersalz • 1 großes Bio-Ei • 250 ml Milch (Kuh-, Soja-, Mandel-, Reis- oder Nussmilch) • 1 EL Reis- oder Ahornsirup • 2 EL Öl (von Raps, Walnüssen oder Haselnüssen) • Mark von ½ Vanilleschote • 150–200 g Fruchttrester (von Äpfeln, Birnen, Karotten und Ingwer) • etwas Öl zum Einfetten

Das Mehl mit Natron und Salz vermengen. Eine Vertiefung machen und Ei, Milch, Sirup, Öl sowie Vanille hineingeben. Fruchttrester dazugeben und unterrühren. Eine Pfanne dünn einölen und den Teig esslöffelweise bei mittlerer Hitze ausbacken.
Die Pancakes wenden, sobald sich auf der Oberfläche Blasen bilden.
Mit frischem Obstsalat, Ahornsirup oder Honig servieren.

ANANAMOUR

Macht dieser köstliche Ananas-Karotten-Saft tatsächlich schön? Oder ist er vielleicht sogar ein anregender Zaubertrank? Probieren Sie es aus!

Für etwa 500 Milliliter • 500 g frische Ananas (etwa 300 g Fleisch) • 2 Äpfel (etwa 150 g) • 3 Karotten (etwa 300 g) • etwa 1 cm frische Ingwerwurzel (wahlweise)

Die Ananas schälen, das Fleisch würfeln. Äpfel waschen, vom Kerngehäuse befreien und klein schneiden. Die Karotten waschen und schälen. Ingwerschale mit dem Sparschäler entfernen. Der Reihe nach Ananas, Äpfel sowie Karotten entsaften und zum Schluss den Ingwer in die Maschine geben.

KAROTTENTÖRTCHEN MIT WEICHEM KERN

Für diese kleinen Geschwister des beliebten Karottenkuchens können Sie den Trester von gelben sowie orangefarbenen Früchten und Gemüsesorten verwenden.

Für 8 Törtchen • 2 Bio-Eier • 60 g heller Mascobado-Vollrohrzucker • 50 ml Öl (von Erdnüssen, Haselnüssen oder ein mildes Olivenöl) • 150 g Trester (z. B. von „Anamour") • 60 g Mehl • 1 TL Natriumbikarbonat (Natron) • ½ TL Zimt, gemahlen • 1 Prise feines Meersalz

Eier mit Zucker und Öl aufschlagen. Den Trester dazugeben. Mehl, Natron, Zimt sowie Salz vermengen und esslöffelweise einarbeiten. In geölte Muffinformen geben und im Backofen 25 Minuten bei 180 °C backen.
Variation: Sie können nach Belieben Nüsse oder Samen Ihrer Wahl unter den Teig mischen. Probieren Sie die Törtchen doch einmal mit Mandeln, Haselnüssen oder Pistazien.

... in Grün

AROMATISCHER FENCHELKICK

Etwas Fenchel mit feinem Anisgeschmack, Brunnenkresse für die Schärfe und siehe da: Dieser sehr grüne Saft gibt uns neuen Schwung für den Tag!

Für etwa 400 Milliliter • 1 Handvoll Brunnenkresse • 3 Äpfel (etwa 200 g) • 2 kleine Fenchelknollen (etwa 300 g)

Brunnenkresse sorgfältig waschen. Die Äpfel ebenso waschen, das Kerngehäuse entfernen und mit Schale in Stücke schneiden. Dann den Fenchel waschen und in Stücke schneiden. Nacheinander Fenchel, Äpfel und Kresse entsaften.
Den Saft vor dem Servieren gut durchrühren.
Tipp: Wenn von dem Saft etwas übrig bleibt, das Sie nicht gleich trinken wollen: Wie wäre es mit einem grünen Eis am Stiel? Die passenden Eisformen sind im Handel erhältlich.

GRÜNER SONNENSCHEIN

Salat im Saft? ... Schmeckt besser, als Sie denken! Feldsalat verleiht diesem Saft einen aromatisch nussigen Geschmack.

Für etwa 400 Milliliter • 100 g Salatgurke • 2 Äpfel (etwa 150 g) • 4–5 Kiwis (etwa 200 g) • 100 g Feldsalat • 1 kleines Stück frische Ingwerwurzel

Die Gurke waschen und die Äpfel vom Kerngehäuse befreien. Anschließend beide ungeschält in Stücke schneiden. Die Kiwis schälen. Den Feldsalat putzen und gründlich waschen. Die Ingwerschale mit dem Sparschäler entfernen. Nacheinander Feldsalat, Äpfel, Gurke und Kiwi entsaften. Zum Schluss den Ingwer dazugeben.
Den Saft mit einem Löffel gut durchrühren, bevor Sie ihn in Gläser füllen.
Wissenswertes: Dieser Feldsalatsaft enthält natürliche Fette, die sich an der Oberfläche absetzen können. Sie bewirken zudem, dass der Saft schnell andickt. Dabei handelt es sich um gute Fette, denn Feldsalat ist reich an Omega-3-Fettsäuren – und gilt daher als der gesündeste Salat. Entdecken und genießen Sie seinen ausgewogenen Geschmack!

ROHE GURKENSUPPE MIT KIWI UND KRÄUTERN

Schon bei den Vorspeisen und Aperitifen lautet die Devise: Think green!

Für etwa 500 Milliliter • 1 Salatgurke (etwa 300 g) • 2 grüne Äpfel (etwa 150 g) •
4 Kiwis (knapp 200 g) • 1 Handvoll glatte Petersilie • 1 Handvoll Koriandergrün •
1 EL fruchtiges Olivenöl • Saft von ¼ Zitrone • feines Meersalz

Äpfel entkernen. Gurke sowie Äpfel waschen und mit Schale in Stücke schneiden.
Die Kiwis schälen. Nacheinander Äpfel, Gurke und Kiwi entsaften. Den Pürieraufsatz
anbringen und damit Petersilie und Koriander zerkleinern. Den Saft gut durchrühren. Öl,
Zitronensaft und Salz dazugeben und erneut durchrühren.
Vor dem Servieren mindestens 1 Stunde im Kühlschrank kalt stellen.

CHLOROPHYLL-POWER

Dieser supergesunde Drink ist ideal zum Entgiften oder als Aperitif.

Für etwa 500 Milliliter • 250 g Zucchini • 250 g Romanasalat • 150 g Spinat •
etwa 1 Handvoll Petersilie • 2 Stängel frische Minze, nur die Blätter •
2 Stangen Staudensellerie • Zitronensaft oder frische Ingwerwurzel
zum Abschmecken (wahlweise)

Die Zucchini waschen, die Enden abschneiden und ungeschält in Stücke schneiden. Salat
und Spinat gründlich waschen. Petersilie und Minze unter fließendem Wasser abspülen.
Sellerie putzen und grob in Stücke schneiden. Nacheinander Salat, Spinat, Zucchini,
Staudensellerie, Petersilie und Minze entsaften.
Nach Belieben mit Zitronensaft oder Ingwersaft abschmecken.
Variation: Ersetzen Sie Minze durch Estragon, wenn Sie seinen bittersüßen Geschmack
mögen. Er verleiht Ihrem Saft ein feinwürziges Anisaroma.

GAZPACHO

Dieses andalusische Gericht ist weit mehr als eine Suppe. Eine traditionelle Gazpacho besteht aus einer köstlichen Komposition unterschiedlichster Aromen. Sie wird als Vorspeise gereicht und ebenso gern als Hauptgericht verzehrt. Besonders an heißen Sommertagen ein Genuss!

Für 4 Personen • 1 Knoblauchzehe • 1 kleine Frühlings- oder rote Zwiebel (etwa 50 g) • 300 g sehr reife Tomaten • 200 g Salatgurke • 50 g trockenes Weißbrot • 1 TL Olivenöl • 2 EL Sherryessig in Bio-Qualität • 250 ml Wasser • feines Meersalz zum Abschmecken

Knoblauch und Zwiebel schälen und grob in Stücke schneiden. Die möglichst reifen und aromatischen Tomaten sowie die Gurke in kleine Stücke schneiden. Das Brot zerbröseln und den Boden einer großen Salatschüssel damit bedecken. Tomaten, Gurke, Knoblauch sowie Zwiebeln darüber geben und nach Bedarf salzen. Öl, Essig und Wasser dazugeben und 2 Stunden lang im Kühlschrank durchziehen lassen, bis das Brot gut durchgeweicht ist. Den Pürieraufsatz am Entsafter anbringen und den gesamten Inhalt der Schüssel durch die Maschine geben. Die pürierte Masse auffangen.
Das Püree abschmecken und nach Belieben mehr Olivenöl oder Essig dazugeben. Wenn Sie Ihre Gazpacho flüssiger mögen, können Sie noch etwas Wasser einrühren.

AJO BLANCO

Diese aromatische Suppe wird auch als „weiße Gazpacho" bezeichnet. Ihre Hauptzutaten sind Mandeln und Knoblauch. Sie sättigt wunderbar – nicht nur an heißen Tagen! Ich serviere sie gern in Gläsern als Aperitif. Im Kühlschrank bleibt sie 3 Tage frisch.

Für 4 Personen • 100 g geschälte Mandeln • 1 Knoblauchzehe • 30 g trockenes Weißbrot • 3 EL Sherryessig in Bio-Qualität • 20 grüne Weintrauben • 400 ml Wasser • 1 EL Olivenöl • ½ TL Meersalz • frisch gemahlener Pfeffer zum Abschmecken

Mandeln und Knoblauch grob hacken. Das Brot zerbröseln. Dann Mandeln, Knoblauch, Brotkrümel, Essig, Pfeffer sowie Salz vermengen und im Kühlschrank über Nacht durchziehen lassen. Am nächsten Tag mit dem Pürieraufsatz des Entsafters zu feinem Püree verarbeiten. Die Weintrauben durch das Entsaftungssieb der Maschine geben. Anschließend mit Wasser, Olivenöl und dem Traubensaft vermischen.
Nach Belieben mit Pfeffer abschmecken.
Vor dem Servieren 1 Stunde in den Kühlschrank stellen.
Tipp: Wenn Sie keine geschälten Mandeln zur Hand haben, kein Problem! Geben Sie einfach die braunen Mandeln in eine Schüssel, überbrühen Sie sie mit kochendem Wasser und lassen Sie sie 15 Minuten darin ziehen. Danach lässt sich die Haut mühelos entfernen.

FRISCHSÄFTE

Die Zutaten von A bis Z

Zutaten	Vorbereitung	Ausbeute	Tipps
Äpfel	In Stücke schneiden.	+++	Ergeben einen klaren Saft. Verschiedene Sorten ausprobieren.
Ananas	Schälen.	++	Muss nicht von den „Augen" befreit werden, da diese als Trester aufgefangen werden.
Aprikosen	Halbieren und entkernen.	++	Für einen volleren Geschmack pro Kilo drei Kerne knacken und den Inhalt als letzte Zutat in den Entsafter geben.
Artischocken	–	–	Nicht zum Pürieren und Entsaften geeignet.
Avocados	–	–	Nur zum Pürieren geeignet, nicht zum Entsaften.
Bananen	–	–	Nur zum Pürieren geeignet, nicht zum Entsaften.
Birnen	Eventuell schälen.	++	Milchiger Saft. Für eine größere Ausbeute feines Sieb verwenden. Oxidiert schnell, daher stets ein paar Tropfen Zitronensaft dazugeben.
Blattgrün (von Radieschen, Karotten etc.)	Gründlich waschen und trocknen.	–	Nur zum Pürieren geeignet (für Pestos, Füllungen, etc.).
Brokkoli	Waschen.	++	Den Strunk mit verwenden. Scharfer, würziger Saft, der eine schmackhafte Brühe ergibt.
Brunnenkresse	Gründlich waschen.	+	Pfeffriger Geschmack. Stets nur wenige Blätter verwenden.
Daikon-Rettich, schwarzer Rettich	Schälen und in Würfel schneiden.	++	Sehr scharf! Nur in kleinen Mengen verwenden. Reinigt die Leber.
Erdbeeren	Stiele entfernen.	–	Nur zum Pürieren geeignet, nicht zum Entsaften.
Feigen	–	–	Nur zum Pürieren geeignet, nicht zum Entsaften.
Feldsalat	Waschen.	Wie Weizengras	Komplett verwenden. Ergibt einen milden, aromatischen Saft. Ist „fetthaltig" und vermischt sich daher nicht gut. Für eine bessere Konsistenz mehrmals entsaften.

Fenchel	In Scheiben schneiden.	+++	Süß und aromatisch. Eignet sich wie die Karotte wunderbar als Saftgrundlage.
Granatapfel	Kerne aus der Frucht herauslösen.	+++	Die weiße Haut nicht verwenden, sonst wird der Saft bitter.
Grapefruit	Schälen.	++	Wird beim Entsaften leicht bitter. Nur in geringen Mengen verwenden.
Grünkohl	Strunk entfernen.	++	Pro Saft sind 4 bis 5 Blätter ausreichend.
Himbeeren	Gut abspülen und trocknen lassen.	−	Nur zum Pürieren geeignet, nicht zum Entsaften.
Ingwerwurzel	Schälen.	+	Starker Eigengeschmack. Wirkt durchwärmend und aromatisierend.
Karotten	Eventuell schälen und in Stücke schneiden.	+++	Süßlich und mild. Das ganze Jahr über erhältlich, daher hervorragend als Saftgrundlage.
Kirschen	Entkernen.	+++	Den Entsafter anschließend mit Wasser spülen, da der Saft stark abfärbt.
Kiwis	Schälen und in Würfel schneiden.	++	Die Samen werden nicht zerdrückt, daher wird der Saft nicht bitter.
Knoblauch	Nicht schälen.	minimal	Hoch konzentrierter Geschmack. Nur geringe Mengen verwenden. Eher zum Pürieren geeignet.
Frische Kokosnuss	−	−	Nur zum Pürieren geeignet, nicht zum Entsaften.
Kräuter (Petersilie, Basilikum, Kerbel, Koriandergrün)	Waschen.	++	Komplett mit den Stielen verwenden. Mit dem Entsafter gibt es keine Kräuterabfälle mehr!
Mais	−	−	Nur zum Pürieren geeignet, nicht zum Entsaften.
Mango	−	−	Nur zum Pürieren geeignet, nicht zum Entsaften.
Mangold	Die weißen Stiele entfernen und für andere Gerichte aufbewahren.	+	Nur die grünen Blätter entsaften. Vorsicht, sie enthalten Oxalsäure! Daher nur wenige Blätter verwenden.
Melonen	Schälen und in Würfel schneiden.	++	Gelb, orangefarben oder grün: Ihr hoher Wassergehalt ergibt viel Saft.
Paprika (rot, grün oder andere Sorten)	In Würfel schneiden.	+	Ein Stück rote Paprika betont den Geschmack aller roten Säfte.
Passionsfrucht	−	−	Die Kerne machen den Saft bitter. Daher weder als Püree noch als Saft geeignet.
Pfirsiche	Entkernen und grob schneiden.	+	Können zu Nektar entsaftet werden, besser zum Pürieren geeignet.

Zutaten	Vorbereitung	Ausbeute	Tipps
Radieschen	Grüne Blätter entfernen und waschen.	++	Rosafarbener Saft. Geschmack je nach Schärfe der Radieschen. Einige Blätter zur Abrundung anderer Säfte verwenden.
Rhabarber	In Würfel schneiden.	++	Hoher Oxalsäuregehalt, daher Rhabarbersaft nie roh trinken!
Rote Bete	Schälen und in Würfel schneiden.	+++	Den Entsafter anschließend mit Wasser spülen, da der Saft stark abfärbt.
Rotkohl	Äußere Blätter entfernen.	++	Komplett verwenden. Aromatischer, süßlicher, milder Kohlsaft. Mit Früchten mischen für milderen Geschmack.
Salate	Waschen und trocken schleudern.	++	Vor allem die harten äußeren Blätter verwenden. Romanasalat ergibt viel Saft.
Salatgurken	In Würfel schneiden.	+++	Nach dem Entsaften den feuchten Trester für Zaziki oder rohe Suppen verwenden.
Spargel	Holzige Anteile in Stücke schneiden.	++	Erstaunlich mild: ein köstlicher Saft für Entdecker!
Spinat	Waschen und grob schneiden.	++	Abwechselnd verschiedene Blattgemüse verwenden.
Sprossen	Gründlich waschen.	+	Höchstens 2 Esslöffel pro Glas verwenden. Ausnahme: Weizengras. Konzentrierter Geschmack. Alfalfa ergibt einen milden Saft.
Staudensellerie	In Stücke schneiden.	++	Komplett verwenden. Der Saft oxidiert schnell. Intensiver Geschmack: nicht mehr als 1 Stange pro Glas entsaften.
Tomaten	In Stücke schneiden.	+++	Nur zum Pürieren geeignet, nicht entsaften.
Wassermelonen	Sorgfältig schälen. .	+++	Wohlschmeckender Saft, einfach zu pürieren für Granités oder Fruchtsuppen.
Weintrauben	Trauben von den Stielen abzupfen.	+++	Grüner oder roter Saft, sehr süß. Allein verwenden oder zum Süßen anderer Säfte ein paar Beeren dazugeben.
Wirsingkohl	Strunk entfernen.	++	Starker Eigengeschmack, nur zum Mischen geeignet.
Zitrusfrüchte	Schälen.	+	Ergeben je nach Entsafter einen leicht bitteren Saft. Eventuell die weiße Haut entfernen. Nur Bio-Ware verarbeiten.
Zucchini	In Würfel schneiden.	+	Nach dem Entsaften den feuchten Trester weiterverarbeiten.

WÜRZIGES, BEILAGEN UND KLEINE GERICHTE

Für diese Rezepte brauchen Sie einen horizontalen Entsafter.

PÂTÉ VON SHIITAKE-PILZEN

Ein würziger Klassiker mit gebratenen Shiitake-Pilzen.

Für 1 kleine Schale (4 Personen) • 30 g Cashewkerne in Rohkostqualität •
1 kleine Schalotte • 250 g Shiitake-Pilze • 1 TL Olivenöl • 1 EL Haselnussöl •
1 EL Hefeflocken in Bio-Qualität • 1 TL Sojasauce in Bio-Qualität • feines Meersalz
(Menge nach Bedarf) • frisch gemahlener Pfeffer zum Abschmecken •
Sandwich oder Blinis (wahlweise, Menge nach Bedarf)

Die Cashewkerne 2 Stunden in kaltem Wasser einweichen. Schalotte schälen und fein
hacken. Die Pilze säubern und in Scheiben schneiden. Olivenöl in die Pfanne geben.
Pilze und Zwiebeln salzen und etwa 10 Minuten anbraten. Den Pürieraufsatz am Entsafter
anbringen. Die abgegossenen Cashewkerne und die Pilzmasse nacheinander pürieren.
Vermischen und mit Haselnussöl, Hefeflocken, Sojasauce und Pfeffer abschmecken. Gut
durchrühren und zum Aperitif reichen, aufs Sandwich streichen oder zu Blinis servieren.
Variation: Statt Cashewkernen schmecken auch eingeweichte Haselnüsse sehr lecker.

MUHAMMARA

Diese Paprika-Walnuss-Creme stammt ursprünglich aus Syrien.

Für 1 kleine Schale • 20 g Walnüsse • 1 große rote Paprikaschote • ½ Knoblauchzehe •
1 EL Olivenöl • 1 TL Granatapfelsirup in Bio-Qualität • 2 Prisen Kreuzkümmel, gemahlen •
2 Prisen geräucherter Paprika, gemahlen (Pimentón de la Vera) •
Meersalz zum Abschmecken • Pitabrot (Menge nach Bedarf)

Die Walnüsse 2 Stunden in kaltem Wasser einweichen. Paprika waschen und
anschließend im Backofen grillen. Dabei regelmäßig wenden, bis die gesamte Haut
dunkel ist. Zum Abkühlen zwischen zwei Teller legen. Stiel, Kerne und dunkle Haut
entfernen. Knoblauch schälen. Den Pürieraufsatz verwenden. Nacheinander die
abgegossenen Nüsse, den Knoblauch und die Paprikaschote pürieren.
Die Mischung gut verrühren. Mit Olivenöl, Granatapfelsirup, Kreuzkümmel,
Paprikapulver sowie Salz abschmecken und mit Pitabrot servieren.

ROTE-BETE-KAVIAR
AUF LIBANESISCHE ART

Ausnahmsweise wird die Rote Bete nicht zu Salat verarbeitet. Bei diesem Rezept verwandelt sie sich in einen köstlichen roten Aufstrich!

Für 1 kleine Schale • 1 Knoblauchzehe • 200 g Rote Bete, gekocht • 2 EL griechischer Schafsjoghurt • 1 EL Olivenöl • 1 TL Zatar-Gewürzmischung • 1 TL Granatapfelsirup in Bio-Qualität • feines Meersalz (Menge nach Bedarf) • Pitabrot oder Blinis (Menge nach Bedarf)

Knoblauch schälen. Den Pürieraufsatz am Entsafter anbringen. Rote Bete und Knoblauch pürieren und gut durchmischen. Das Püree mit Joghurt, Olivenöl, Zatar, Granatapfelsirup und Salz verrühren. Mit Blinis oder Pitabrot auf den Tisch bringen.

ZUCCHINI-AUFSTRICH
À LA GRECQUE

Sie brauchen nur vier Zutaten für diesen griechisch angehauchten Aufstrich.

Für 1 kleine Schale • 1 kleine Zucchini (etwa 150 g) • 4 Minzeblätter • 25 g schwarze Oliven ohne Kern • 50 g Ziegenfrischkäse

Zucchini waschen und die Enden abschneiden. Minzeblätter ebenso waschen und trocken tupfen. Den Pürieraufsatz am Entsafter anbringen. Zucchini, Oliven sowie Minze fein pürieren und den Ziegenkäse unterrühren. Frisch servieren.

PESTO ALLA GENOVESE

Traditionell wurde Pesto im Mörser hergestellt. Mit dem Entsafter können Sie wiederentdecken, was ein traditionelles Pesto ausmacht.

Für 1 kleines Einmachglas • 2 große Bund frisches Basilikum (etwa 70 g Blätter) • 2 große Knoblauchzehen • 2 EL Pinienkerne • 50 g Parmesan • 3 EL natives Olivenöl extra • Meersalz und frisch gemahlener Pfeffer zum Abschmecken

Basilikum waschen, trocken tupfen und die Blätter abzupfen. Den Knoblauch schälen. Den Pürieraufsatz am Entsafter anbringen. Nacheinander Pinienkerne, Parmesan und die Basilikumblätter pürieren. Gut verrühren. In einem dünnen Faden das Olivenöl einlaufen lassen. Mit Salz und Pfeffer abschmecken. Bleibt im Kühlschrank 10 Tage frisch.

KORIANDER-PESTO MIT KÜRBISKERNEN

Mein Lieblingsaufstrich für Kichererbsenfladen oder Veggie-Burger!

Für 1 kleines Einmachglas • 30 g Kürbiskerne • ½ Bund frisches Koriandergrün • ½ Knoblauchzehe • 1 kleiner Becher griechischer Schafjoghurt (200 g) • ¼ TL Espelette-Chili (Piment d'Espelette) • Meersalz und frisch gemahlener Pfeffer zum Abschmecken

Die Kürbiskerne in der Pfanne leicht anrösten. Nacheinander Koriandergrün, Knoblauch und Kürbiskerne in den Entsafter geben. Joghurt und Espelette-Chili dazugeben. Mit Salz und Pfeffer abschmecken. Pesto, mit Öl bedeckt, im Kühlschrank aufbewahren.
Tipp: Pesto können Sie aus allen Kräutern und ölhaltigen Samen zubereiten. Würzig wird Ihr Pesto mit Salaten wie Feldsalat, Rucola oder Kresse.
Frisches Grün von Rettich, Radieschen und Karotten lässt sich gut unter einen milderen Blattsalat mischen.

HUMMUS UND FALAFEL AUS GEKEIMTEN KICHERERBSEN

Das Püree aus gekeimten Kichererbsen lässt sich sowohl zu rohköstlichem Hummus als auch zu Backofen-Falafel verarbeiten.

Für 4 Personen • 200 g Kichererbsen in Bio-Qualität
Hummus: 1 Knoblauchzehe • 2 EL Mandelmus (oder Tahin) in Rohkostqualität •
3 EL Olivenöl • Saft von ½ Zitrone • feines Meersalz und Kreuzkümmel, gemahlen
(Menge nach Bedarf)
Falafel: 2 Knoblauchzehen • ½ Bund frische Petersilie • ½ Bund frisches Koriandergrün •
50 g Kichererbsenmehl in Bio-Qualität • 1 TL Natriumbikarbonat (Natron) •
½ TL Kreuzkümmel, gemahlen • ½ TL Koriander, gemahlen • 3 EL Olivenöl •
Meersalz und frisch gemahlener Pfeffer zum Abschmecken

Die Kichererbsen 24 Stunden lang in viel kaltem Wasser einweichen. Dabei das Wasser zwei- bis dreimal wechseln. Abspülen und in einem Sieb 24 Stunden bei Zimmertemperatur keimen lassen. Den Pürieraufsatz am Entsafter anbringen und die Sprossen zu feinem Püree verarbeiten.
Hummus: Den geschälten Knoblauch mit dem Entsafter pürieren und mit dem Kichererbsenpüree verrühren. Mandelmus, Olivenöl, Zitronensaft, Salz und Kreuzkümmel unterrühren. Sollte das Püree zu dick werden, etwas Wasser einrühren.
Falafel: Den Backofen auf 180 °C vorheizen. Den geschälten Knoblauch mit dem Entsafter pürieren. Petersilie und Koriandergrün zu feinem Mus verarbeiten. Kichererbsenpüree mit Knoblauch, Petersilie und Koriander verrühren. Kichererbsenmehl, Natron, Gewürze, Salz und Pfeffer dazugeben. Das Olivenöl unterrühren und zu einem festen Teig verkneten. Falls nötig, weiteres Kichererbsenmehl hinzufügen.
Aus dem Teig Bratlinge formen, auf ein mit Backpapier ausgelegtes Backblech geben und 20 bis 25 Minuten backen.

ROHE SEMOULE VOM BLUMENKOHL

Mit dem Entsafter lässt sich aus Blumenkohl eine grobkörnige, grießartige Masse herstellen, die Sie für viele Gerichte verwenden können.

Für 4 Personen • **1 kleiner Blumenkohl, so frisch wie möglich**
Taboulé: 1 Bund frische Petersilie • ½ Bund frische Minze • 2 Tomaten •
½ Knoblauchzehe • Saft von 1 Zitrone • 3 EL Olivenöl • feines Meersalz
und frisch gemahlener Pfeffer zum Abschmecken
Hummus: ½ Knoblauchzehe • 2 EL Tahin in Rohkostqualität • 3 EL Olivenöl •
Saft von ½ Zitrone • feines Meersalz und frisch gemahlener Pfeffer zum Abschmecken

Den Blumenkohl waschen, trocken tupfen und die Röschen abbrechen. Den Pürieraufsatz am Entsafter anbringen und die Röschen zu einer körnigen Masse zerkleinern. Diese rohe Semoule wird nun weiter verarbeitet.
Taboulé: Mit dem Pürieraufsatz nacheinander Petersilie, Minze, Tomaten und geschälten Knoblauch pürieren. Gut verrühren und unter den Blumenkohl heben. Mit Zitronensaft, Olivenöl, Salz und Pfeffer abschmecken.
Bis zum Verzehr im Kühlschrank aufbewahren.
Hummus: Mit dem Pürieraufsatz den Knoblauch fein pürieren. Mit Tahin, Olivenöl und Zitronensaft verrühren. Zu der Blumenkohl-Semoule geben und mit Salz sowie Pfeffer abschmecken. Verrühren, bis eine streichfähige Masse entsteht.

GRÜNES RISOTTO AUS GEMÜSERESTEN

Ob Stängel von Kräutern, der Brokkolistrunk oder Erbsenschalen, mit einem Entsafter können Sie selbst die Gemüseteile verwerten, die Sie normalerweise entsorgen. Die daraus gewonnenen Säfte duften herrlich aromatisch und können sogar eine Gemüsebrühe ersetzen. Sie verleihen Ihren Gerichten ein feines Gemüsearoma – ganz ohne Reste!

Für 4 Personen • Schalen von 500 g Erbsen • 1 Stange Staudensellerie • 1 Brokkolistrunk • Stängel von 1 Bund Kräuter (Basilikum, Petersilie, Koriander etc.) • Wasser zum Aufgießen (Menge nach Bedarf) • ½ Teelöffel feines Meersalz • 2 Schalotten • 1 EL Olivenöl • 200 g Risottoreis (möglichst die Sorte „Arborio") • 50 ml Weißwein • 2 reife Avocados • feines Meersalz und frisch gemahlener Pfeffer zum Abschmecken

Entsaften Sie alle Gemüsereste. Gießen Sie den Saft mit Wasser auf, bis Sie 500 Milliliter Flüssigkeit haben. Mit ½ Teelöffel Salz abschmecken. Die Schalotten schälen und fein hacken. Mit Olivenöl sowie dem Reis in einen Topf geben und glasig andünsten. Mit Weißwein ablöschen. Ein Drittel der grünen Flüssigkeit dazugeben, bei mittlerer Hitze garen und regelmäßig umrühren, bis die Flüssigkeit verkocht ist. Erst dann erneut mit einem weiteren Drittel aufgießen. Mit dem letzten Drittel wiederholen. Falls nötig, zusätzlich etwas Wasser dazugeben. Das Risotto braucht etwa 18 Minuten, bis es gar ist. In der Zwischenzeit die Avocados schälen, entkernen und pürieren. Gegen Ende der Garzeit unter das Risotto geben, damit es schön cremig wird. Mit Salz und Pfeffer abschmecken. Heiß servieren.
Variation: Natürlich können Sie das Risotto auch mit Karottensaft aufgießen, mit Spargelsaft oder mit allem, was die Jahreszeit gerade zu bieten hat!

KARTOFFELPÜREE

Der Entsafter ist das einzige Elektrogerät, mit dem Sie ein Kartoffelpüree zubereiten können, das nicht die Konsistenz von Tapetenkleister hat. Probieren Sie es aus! Sie werden überrascht sein.

Für 4 Personen • 1 kg mehlig kochende Kartoffeln (am besten die Sorte „Bintje") • 100 ml Buttermilch (oder Kefir) • 80 g kalte Butter (oder 5 EL Olivenöl) • feines Meersalz, frisch gemahlener Pfeffer oder Muskatnuss zum Abschmecken

Die Kartoffeln schälen und in einem großen Topf mit kaltem Wasser aufsetzen. Zum Kochen bringen und anschließend 20 bis 30 Minuten bei mittlerer Hitze garen, bis Sie sich mit der Messerspitze mühelos anstechen lassen. Kartoffeln abgießen. Den Pürieraufsatz am Entsafter anbringen und die Kartoffeln durchpassieren. Buttermilch, kalte Butter in Flocken (oder Olivenöl in einem dünnen Faden) dazugeben. Mit Salz, Pfeffer und Muskatnuss abschmecken. Mit dem Schneebesen aufschlagen, bis eine zarte, flaumige Konsistenz entsteht. Sofort auf den Tisch bringen.

CANEDERLI (KLEINE KNÖDEL)

Im Trentino und in Südtirol wird Brot vom Vortag zu Gnocchi verarbeitet. Dazu werden Speck und Zwiebeln gereicht. Diese Variante ist leicht bekömmlich, aber genauso pikant.

Für 4 Personen • 200 g Brot vom Vortag • 200 ml Wasser • 2 Bio-Eier • 60 g Parmesan • 60 g Buchweizenmehl plus 3 EL zum Ausrollen • frisch gemahlener Pfeffer und Muskatnuss (Menge nach Bedarf) • 2 l Salzwasser zum Garen • zerlassene Butter, Salbei und Parmesan zum Servieren

Das Brot etwa 10 Minuten in dem Wasser einweichen, dann gründlich auspressen, sodass es beinahe trocken wirkt. Eier, Parmesan, Buchweizenmehl, gemahlenen Pfeffer sowie Muskatnuss dazugeben und zu einem festen Teig verkneten. Zu Rollen formen, deren Durchmesser etwas größer ist als der Einfüllstutzen des Entsafters. Die Teigstücke in Mehl wenden. Den Pürieraufsatz und einen runden oder viereckigen Gebäckvorsatz verwenden. Dann einen flachen Teller mit Mehl bestäuben und alle Teigstücke der Reihe nach durch den Entsafter drehen. Die Teigschlange mit dem Teller auffangen und mit dem Messer in 2 Zentimeter lange Stücke schneiden.
In einem großen Topf 2 Liter Salzwasser zum Kochen bringen. Die Knödel hineingeben und warten, bis sie an die Oberfläche steigen. Mit einem Schaumlöffel herausnehmen. Den Salbei in warmer Butter schwenken. Damit die Canederli übergießen und mit Parmesan bestreut servieren.
Tipp: Die Menge der angegebenen Zutaten kann je nach verwendetem Brot (Vollkornbrot, Weißbrot, Brötchen oder Baguette) variieren. Der Teig sollte zwar fest, aber nicht trocken sein.

NUDELN

Mit einigen horizontalen Entsaftern können Sie sogar frische Nudeln zubereiten. Dafür brauchen Sie allerdings ein spezielles Pasta-Set, das bei manchen Geräten als Zubehör mitgeliefert wird. Einfach den passenden Aufsatz anbringen, den Teig in das Gerät geben und im Handumdrehen sind Ihre Nudeln fertig!

FRISCHNUDELN

Wollen Sie frische Bandnudeln oder Spaghetti zubereiten? Mit dem entsprechenden Pasta-Aufsatz sind sie schnell gemacht – und auch der lästige Abwasch danach wird auf ein Minimum reduziert!

Für 4 Personen • 125 g Weizenmehl Type 405 • 125 g Pastamehl Type 00 plus einige EL zum Bemehlen der Arbeitsfläche • ½ TL feines Meersalz • 125 ml Wasser • Salzwasser zum Garen

Mehl, Hartweizenmehl und Salz in einer Schüssel vermengen. Das Wasser darübergießen, etwa 10 Minuten lang zu einem homogenen Teig verkneten. Dafür können Sie auch Ihre Küchenmaschine verwenden. Den Teig mit einem sauberen Küchentuch bedecken und etwa 1 Stunde ruhen lassen. In zehn kleine Kugeln aufteilen und diese auf einer bemehlten Arbeitsfläche zu kleinen Rollen formen. Das Pasta-Set am Entsafter anbringen und den Teig in den Einfüllschacht geben. Die fertigen Nudeln abnehmen, sobald sie die gewünschte Länge haben, und kurz in Mehl wenden. Auf einem sauberen Teller ablegen. In einem großen Topf Salzwasser aufsetzen und zum Kochen bringen. Die Nudeln darin 3 Minuten garen (oder länger, wenn sie dicker sind). Mit einer beliebigen Sauce servieren, z. B. mit einem der Pestos von Seite 40.
Variation: Farbige Nudeln erhalten Sie, wenn Sie den Teig mit etwas Spinat- oder Rote-Bete-Saft (natürlich aus dem Entsafter) verkneten – oder mit einem Saft aus aromatischen Kräutern.
Tipp: Fall Sie das italienische Mehl der Type 00 nicht bekommen, können Sie einfach insgesamt 250 Gramm der Type 405 verwenden oder 170 Gramm Mehl Type 405 und 80 Gramm Hartweizengries.

Aromatische
Würzmischungen

Bei den folgenden Rezepten arbeitet Ihr Entsafter wie ein Mörser: für Gewürzmischungen, die jeweils so fein gemahlen sind, wie Sie es wollen. Die Gewürze werden dabei nicht erwärmt und behalten so ihr volles Aroma. Sobald Sie ein einfaches Gomasio herstellen können (aus 2 Teilen leicht geröstetem Sesam auf 1 Teil graues Meersalz), können Sie traditionelle Gewürzmischungen kreieren, die Sie im Laden kaum noch bekommen.

DUKKAH

Diese nussige Gewürzmischung stammt aus Ägypten. Man gibt sie über Kartoffeln, über gegrilltes Gemüse oder einfach auf ein Stück Brot, das zuvor in Olivenöl getaucht wurde. Das Wort *Dakka* (ursprüngliche Form) bedeutet „gemahlen", was die Vielzahl der unterschiedlichen Dukkah-Mischungen erklärt. Doch sie alle haben eines gemeinsam: Sie bestehen aus ölhaltigen Samen und Nüssen (Pistazien, Haselnüsse, Sonnenblumenkerne etc.) sowie aus Kreuzkümmel, Sesam und Koriander. Wenn Sie zu der Mischung noch ein paar geröstete Kichererbsen geben, behält sie länger ihr Aroma.

Für etwa 180 Gramm • 35 g Haselnüsse • 25 g Sonnenblumenkerne • 20 g rohe Kichererbsen in Bio-Qualität • 20 g Sesamsamen • 1 EL Kreuzkümmelsamen • 1 EL Koriandersamen • 1 EL Fenchelsamen (wahlweise Anis) • 1 EL Schwarzkümmelsamen • 15 ganze schwarze Pfefferkörner • 1 EL Fleur de Sel

In einer Pfanne Nüsse und Sonnenblumenkerne anrösten. Beiseitestellen. Anschließend die Kichererbsen in der Pfanne anrösten und ebenso zur Seite stellen. Dann Sesam, Kreuzkümmel, Koriander, Fenchel, Schwarzkümmel und die Pfefferkörner anrösten. Die Gewürze mit Nüssen, Sonnenblumenkernen, Kichererbsen sowie Salz vermischen und 30 Minuten abkühlen lassen. Den Pürieraufsatz am Entsafter anbringen und die Mischung nach Belieben grob oder fein mahlen.
In einem luftdicht verschlossenen Behälter aufbewahren.

BAHARAT

Ursprünglich stammt Baharat aus dem Nahen Osten. Der Name bedeutet schlicht und einfach „Gewürze". Diese ausgewogene Gewürzmischung ist wärmend und schmeckt köstlich zu Linsen sowie allen anderen Hülsenfrüchten. Den Geschmack von Baharat kennen Sie sicherlich bereits von türkischen oder libanesischen Spezialitäten.

Für etwa 50 Gramm • 1 TL schwarze Samen vom Kardamom • 2 TL Kreuzkümmelsamen • 1 TL ganze schwarze Pfefferkörner • 1 TL Koriandersamen • ½ TL Gewürznelken • ½ TL gemahlene Muskatnuss • ½ TL Piment • 1 kleine Zimtstange

Kardamomsamen, Kreuzkümmel, Pfeffer, Koriander, Nelken, Muskatnuss und Piment vermengen. Die Zimtstange zerkrümeln, alle Gewürze in einer Pfanne leicht anrösten und 30 Minuten abkühlen lassen. Den Pürieraufsatz am Entsafter anbringen und die Mischung nach Belieben grob oder fein mahlen. In einem luftdicht verschlossenen Behälter aufbewahren.

Tipp: Muskatnuss ist sehr hart. Einige Entsafter werden damit spielend fertig, andere setzen sich jedoch fest. Wenn Sie keine gemahlene Muskatnuss verwenden wollen, ist Macisblüte ein guter Ersatz. Sie lässt sich im Entsafter problemlos zerkleinern.

CURRYPASTE
AUF THAILÄNDISCHE ART

Die klassische Thai-Currypaste enthält meist getrocknete Garnelen. Wenn Sie auf vegetarische Ernährung Wert legen, sollten Sie sie besser selbst herstellen. Und wenn Sie Lust auf ein Curry haben, lösen Sie einfach etwas von der Gewürzmischung in Kokosmilch oder Gemüsebrühe auf.

Für 4 bis 6 Personen • 2 Thai-Chilischoten (rot oder grün, je nach Geschmack) • 3–4 Knoblauchzehen • 2 Schalotten • 1 daumengroßes Stück Galangawurzel (Thai-Ingwer) • 2 Stiele Zitronengras • ½ Bund frisches Koriandergrün • 2 EL Kokosöl in Rohkostqualität • 2 EL Koriandersamen • 1 EL Kreuzkümmelsamen • 1 TL ganze schwarze Pfefferkörner • ½ TL feines Meersalz • abgeriebene Schale von 1 Bio-Limette

Ziehen Sie Gummihandschuhe an, wenn Sie Chilis verarbeiten! Die Chilischoten halbieren und die Kerne entfernen. Anschließend die Schoten klein schneiden. Knoblauch und Schalotten schälen. Die Schale der Galangawurzel mit dem Sparschäler entfernen. Die harten Enden vom Zitronengras abschneiden und den Stiel grob hacken. Koriandergrün abspülen, trocken tupfen und mit den Stängeln verarbeiten. Wenn Ihr Kokosöl fest ist, sollten Sie es bei geringer Hitze verflüssigen. Koriandersamen, Kreuzkümmel und Pfeffer durch den Entsafter geben. Danach Chili, Galangawurzel, Knoblauch, Schalotten, Zitronengras und Koriandergrün entsaften. Alle bereits verarbeiteten Zutaten gut vermischen. Salz, Kokosöl sowie Zitronenschale dazugeben und die Mischung zu einer gleichmäßigen Paste verarbeiten. In einem luftdicht verschlossenen Behälter bleibt die Paste im Kühlschrank bis zu 2 Wochen frisch.

KOKOS-SAMBAL

Sambalpaste ist eine klassische Zutat der malaysischen und indonesischen Küche, wo sie als Würzbeilage gereicht wird. Sie gilt zudem als Allheilmittel gegen zahlreiche Gebrechen. Sambal verwandelt buchstäblich jedes Reisgericht in eine Delikatesse. Probieren Sie es doch einmal zu Ananas oder Mango – als Vorspeise oder Dessert.

Für 1 kleine Schale • 1 frische Kokosnuss • 1 Knoblauchzehe • etwa 1,5 cm frische Ingwerwurzel • 1 kleine Frühlingszwiebel (mit grünem Stiel) • 1 kleiner Stiel Zitronengras • 1 grüne Chilischote (wahlweise) • 8 frische Minzeblätter • 1 TL Vollrohrzucker in Bio-Qualität • 1 TL Tamarindenpaste • Saft von ½ Limette

Die Kokosnuss öffnen. Dazu das weichste der drei Augen suchen und mit einem Schraubenzieher oder Messer eindrücken. Das Wasser ablaufen lassen und beiseitestellen. Dann mit einem Hammer die Nuss entzweischlagen und das Fruchtfleisch mit einem Messer herauslösen. Knoblauch und Ingwer schälen. Die Frühlingszwiebel putzen und die harten Enden des Zitronengrases abschneiden. Chilischote, falls verwendet, von scharfen Körnern befreien. (Ziehen Sie Gummihandschuhe an, wenn Sie Chilis verarbeiten!) Den Pürieraufsatz am Entsafter anbringen und das Kokosfleisch zu feinem Püree verarbeiten. Etwa 100 Gramm abwiegen und den Rest für ein anderes Rezept aufbewahren. Zitronengras, Zwiebel, Knoblauch, Ingwer und Minze durch den Entsafter geben. Die Chilischote ganz nach Geschmack ebenfalls durchpassieren. In einem Topf Zucker, Tamarindenpaste und Zitronensaft verrühren. Das Kokospüree und die restlichen Zutaten dazugeben. Anschließend 30 Minuten im Kühlschrank durchziehen lassen.
Nach Belieben mit Reis, Linsen oder Früchten servieren.
Dieses Sambal bleibt in einem luftdicht verschlossenen Behälter etwa 3 Tage frisch.
Tipp: Das Fleisch frischer Kokosnüsse können Sie sehr gut einfrieren. Oder Sie trocknen es bei maximal 50 °C im Backofen oder im Dörrautomaten.

DESSERTS

Für diese Rezepte brauchen Sie einen horizontalen Entsafter.

MOUSSE CHOCOLAVOCAT

Ein Klassiker der veganen Küche! Mit dem Entsafter wird das Püree besonders seidig – ohne störenden metallischen Beigeschmack, der zuweilen auftritt, wenn sich die Schokomasse im Mixer erwärmt.

Für 4 kleine Schalen • 2 Avocados (etwa 350 g Fleisch) • 1 EL ungesüßtes Kakaopulver in Bio-Qualität • 3 EL Ahornsirup (oder Reismalz in Bio-Qualität) • Mark von ½ Vanilleschote • 1 TL brauner Rum

Die Avocados schälen, vom Kern befreien und in Stücke schneiden. Den Pürieraufsatz am Entsafter anbringen. Das Avocadofleisch passieren und anschließend mit Kakao, Sirup, Vanille und Rum verrühren. Das Püree mit dem Schneebesen aufschlagen, bis es leicht und locker ist. Auf vier Servierschälchen verteilen und vor dem Servieren mindestens 2 Stunden in den Kühlschrank stellen.

MACARONS D'AMIENS

Dieses köstliche Gebäck wurde zum ersten Mal im 16. Jahrhundert von Caterina de Medici am Hof von Amiens kredenzt. Damit ihr Kern saftig weich wurde, musste das Eiweiß mit dem Mörser eingearbeitet werden. Mit dem Entsafter ist das ein Kinderspiel!

Für 20 Macarons • 200 g Mandelmehl in Rohkostqualität • 170 g Rohrohrzucker in Bio-Qualität • 1 TL kalt geschleuderter Honig, flüssig • 1 EL Apfelgelee oder Aprikosenmarmelade • Mark von ½ Vanilleschote • 1 Prise feines Meersalz • 2 Eiweiß (von einem Bio-Ei) • 1 Eigelb (von einem Bio-Ei)

Mandelmehl, Zucker, Honig, Gelee, Vanille und Salz verrühren. Das steif geschlagene Eiweiß unterheben. Die Masse durch den Pürieraufsatz des Entsafters geben. Sie sollte die Konsistenz von weichem Marzipan haben. In eine Schüssel geben und mit einem Tuch bedeckt 6 Stunden im Kühlschrank kalt stellen. Den Backofen auf 180 °C vorheizen. Die Mandelmasse zu einer Rolle mit etwa 4 Zentimetern Durchmesser formen und anschließend in 2 Zentimeter dicke Scheiben schneiden. Diese auf ein mit Backpapier ausgelegtes Backblech setzen. Mit Eigelb bepinseln und etwa 20 Minuten backen. Die Macarons sollten noch hell sein. Auf einem Gitter abkühlen lassen und jedes Mandeltörtchen in Alufolie einschlagen, damit es weich bleibt. In der Alufolie bleiben die Macarons etwa 10 Tage frisch.

Quitten, Himbeeren, Rhabarber, und andere rote Früchte verwandeln sich im Entsafter im Handumdrehen in leichte Säfte, die Sie ganz einfach zu Gelees verarbeiten können.

RHABARBERGELEE MIT STERNANIS

Der Entsafter holt das Maximum aus den harten Stielen heraus, die sich nicht so leicht zu Gelee verarbeiten lassen. Und besonders bei Rhabarber ist die Zeitersparnis enorm! Rote und Schwarze Johannisbeeren, Brombeeren und Granatapfelkerne lassen sich hingegen leicht entsaften. Mischen Sie Früchte der Saison nach Belieben für Ihr Lieblingsgelee!

Für 2 Gläser • 500 g Rhabarberstiele • 250 g Gelierzucker • 1 Sternanis • Saft von ½ Zitrone • Schale und Kerngehäuse von 1 Apfel

Den Rhabarber waschen, grob in Stücke schneiden und entsaften. Nicht schälen, sonst verliert der Saft seine schöne Farbe. Die Einmachgläser mit heißem Wasser sowie etwas Spülmittel auswaschen und sorgfältig spülen. Anschließend auf ein Backblech stellen, ohne die Gläser zuvor abzutrocknen und bei 100 °C erwärmen. In der Zwischenzeit das Gelee zubereiten: In einem Topf den Rhabarbersaft (etwa 375 Milliliter) mit Zucker, Anis und Zitronensaft sowie Schale und Kerngehäuse von 1 Apfel erhitzen. Zum Kochen bringen und 12 Minuten kochen, bis die Mischung eine Temperatur von etwas mehr als 100 °C erreicht. Die Apfelteile mit dem Schaumlöffel herausnehmen. Die Gläser aus dem Ofen nehmen und das heiße Gelee einfüllen. Dann die Gläser luftdicht verschließen, auf den Kopf stellen und abkühlen lassen. Dieses Gelee lässt sich etwa 1 Jahr lang aufbewahren.

Für den Entsafter sind selbst gefrorene Früchte kein Problem! Zerkleinern Sie sie zu einem schaumigen Mus, das auch ohne Zucker beinahe wie Sorbet schmeckt. Geben Sie eine Banane dazu und Ihr Dessert wird noch cremiger ... experimentieren Sie einfach nach Lust und Laune.

FRUCHTSORBET

Für ein köstliches Fruchtsorbet können Sie Früchte der Saison verarbeiten oder was Sie noch an tiefgefrorenen Früchten gerade zur Hand haben.

Für 4 Personen • 2 Bananen • 400 g tiefgefrorene Früchte, in kleine Stücke geschnitten oder gebrochen: Himbeeren, Mango, Erdbeeren, Ananas etc.

Die Bananen schälen, in Scheiben schneiden und mindestens 24 Stunden lang in den Gefrierschrank legen. Die Früchte für das Sorbet mindestens 5 Minuten vor der Weiterverarbeitung aus dem Gefrierschrank holen. Die Hälfte der Früchte in den Entsafter geben, dann die Banane und anschließend die zweite Hälfte der Früchte sowie eine weitere Banane. So können Sie aus den Früchten ein Maximum an Saft herausholen. Mischen Sie den dickflüssigen Saft gut durch, bis er weich und cremig ist. Sofort servieren, z. B. mit den „Macarons d'Amiens" von Seite 64.

Tipps: Legen Sie die zum Einfrieren in Stücke geschnittenen reifen Früchte auf eine kältebeständige Platte. Geben Sie das Obst erst nach dem Gefrieren in Gefrierbeutel, damit es weniger Platz einnimmt. Süßen Sie Ihr Sorbet nach Belieben mit etwas Ahornsirup oder Agavendicksaft. Noch cremiger wird das Sorbet, wenn Sie gefrorene Kokosmilch dazugeben: Einfach in eine Eiswürfelschale füllen und in den Gefrierschrank stellen.

Achtung: Nicht alle Entsafter sind leistungsfähig genug, um Eiswürfel zu zerkleinern.

WASSERMELONEN-GRANITÉ MIT ESTRAGON

Ganz in Rot, ganz einfach und ganz frisch!

Für 4 Personen • 1 Stück Wassermelone (etwa 400 g) • 3 Zweige Estragon •
1 Prise feines Meersalz

Die Wassermelone von der harten Schale befreien, so viele Kerne wie möglich entfernen und grob in Stücke schneiden. Den Pürieraufsatz am Entsafter anbringen und die Wassermelonenstücke hineingeben. Anschließend den Estragon entsaften. Das Püree gut durchmischen und mit dem Salz abschmecken. In einem kältebeständigen Behälter in den Gefrierschrank stellen. Immer wieder herausnehmen und jeweils so viel Eis von der Oberfläche kratzen, dass ein Granité entsteht. (Insgesamt dauert das etwa 4 Stunden.) In Gläser füllen, die bis zum Servieren im Gefrierschrank aufbewahrt werden können.
Variation: Geben Sie etwas Granité in kleine Gläser und aromatisieren Sie es für einen Digestif mit einem Tropfen Wodka oder Grappa.

AZUKAO-TRÜFFEL

Diese Köstlichkeit mit schokoladigem Schmelz wird Ihnen im Mund zergehen. Mein Tipp: Lassen Sie Schokoholics erraten, was die geheime Zutat Ihres Trüffelrezepts ist.

Für etwa 15 Trüffel • 150 g gekochte Adzukibohnen • 75 g Zartbitterschokolade mit mindestens 60 Prozent Kakaoanteil • 1 TL Reismalz in Bio-Qualität (alternativ Agavendicksaft oder kalt geschleuderter Honig) • 1 TL Kokosöl in Rohkostqualität • 2 TL ungesüßtes Kakaopulver in Bio-Qualität

Wenn Sie Adzukibohnen im Glas gekauft haben: Spülen Sie die Bohnen ab und lassen Sie sie abtropfen. Die Schokolade mit Reismalz und Kokosöl im Wasserbad schmelzen. Den Pürieraufsatz am Entsafter anbringen und die Adzukibohnen hineingeben. Das feine Püree mit der Schokoladenmasse verrühren und bei Zimmertemperatur etwa 2 Stunden fest werden lassen. Mit dem Teelöffel kleine Kugeln abstechen und in dem Kakaopulver wälzen, bis alle Seiten gut bedeckt sind. Die Trüffel bleiben in einem luftdicht verschlossenen Behälter im Kühlschrank 5 Tage frisch.

MAROKKANISCHE TRÜFFEL

Inspiriert durch die Dattelpaste, die es in mundgerechten Mengen in fast allen Bäckereien im Nahen Osten gibt, habe ich diese gesunden Trüffel kreiert. Servieren Sie die energiereichen Leckerbissen zu Pfefferminztee, um Ihre Batterien wieder aufzuladen.

Für etwa 40 Trüffel • **60 g ungeschälte Mandeln in Rohkostqualität** •
60 g ungeschälte Haselnüsse • **120 g Datteln** • **1 EL Orangenwasser in Bio-Qualität** •
½ TL Zimt, gemahlen • **fein abgeriebene Schale von 1 Bio-Orange** •
60 g weiße Sesamsamen

Weichen Sie die Mandeln und Haselnüsse mindestens 4 Stunden lang in kaltem Wasser ein. In einer zweiten Schüssel ebenso die Datteln in kaltem Wasser einweichen. Abgießen und gut abtropfen lassen. Die Datteln vom Kern befreien. Den Pürieraufsatz am Entsafter anbringen und abwechselnd Mandeln, Nüsse und Datteln hineingeben. Die Paste mit Orangenwasser, Zimt und Orangenschale würzen und gut durchmengen. Etwa 30 Minuten lang in den Kühlschrank stellen. Anschließend mit dem Teelöffel einzelne Portionen abstechen und in den Sesamsamen rollen. Die Trüffel halten sich im Kühlschrank 5 Tage.

Verzeichnis der Rezepte

Literaturempfehlungen

Boutenko, Victoria: *Grüne Smoothies. Der Bestseller von der Erfinderin der Grünen Smoothies.* Aktualisierte Neuauflage. Emmendingen: Hans-Nietsch-Verlag 2015

Lewis, Sara: *Die Saft-Bar. 85 gesunde Rezepte.* Köln: Parragon 2014

Leigh, Tina: *Superfood Smoothies & Säfte. 100 leckere und vitalisierende Rezepte mit den kraftvollsten Lebensmitteln der Welt.* Emmendingen: Hans-Nietsch-Verlag 2014

Owen, Sarah: *Die 100 besten Säfte. Vitalität und Wohlbefinden für jeden Tag.* Potsdam: Tandem Verlag 2014

Payany, Estérelle: *Ein Kuss aus der Küche. Heiß geliebte Klassiker selbst gemacht.* München: Edition Michael Fischer 2014

Payany, Estérelle, und Clea: *Veggie Burger.* Weil der Stadt: Hädecke Verlag 2014

Schmid, Reiner: *Weizengrassaft. Medizin für ein neues Zeitalter.* Inning a. Ammersee: Verlag Ernährung & Gesundheit 1997

Simonsohn, Barbara: *Gerstengrassaft. Verjüngungselixier und naturgesunder Power-Drink.* 15. Auflage. Oberstdorf: Windpferd 2012

Spierings, Thea: *Säfte und Smoothies. Lecker – frisch – gesund.* 5. Auflage. Weil der Stadt: Hädecke Verlag 2014

Walker, Norman W.: *Frische Frucht- und Gemüsesäfte. Vitalstoffreiche Drinks für Fitness und Gesundheit.* 13. Auflage. München: Goldmann Verlag 1995

Bezugsquellen

Kaufen Sie Ihren Entsafter am besten bei einem Fachhändler. Im Folgenden eine Auswahl an Entsaftern und spezialisierten Online-Anbietern:

Angel Juicer (horizontaler Entsafter mit Doppel-Presswalze): *www.angel-juicer.de, www.perfektegesundheit.de*

Excalibur H507ED (horizontaler Entsafter mit einer Pressschnecke): *www.grueneperlen.com, www.keimling.de, www.perfektegesundheit.de*

FruitStar (vertikaler Entsafter): *www.famberg.de, www.keimling.de, www.rohkost.de*

Green Power (handbetriebene Saftpresse von Lurch): *www.grueneperlen.com, www.lurch-shop.com*

Green Star Elite (horizontaler Entsafter mit Doppel-Presswalze): *www.keimling.de, www.entsafter-greenstar.de, www.perfektegesundheit.de*

Healthy Juicer (handbetriebene Saftpresse): *www.juicerway.com*

Horizontaler Entsafter mit einer Pressschnecke von *Omega*: *www.saftpressenshop.de*

Hurom SlowJuicer HE (vertikaler Entsafter): *www.getreidemuehlen.de, www.happy-vita.de, www.hurom-slow-juicer.de*

Oscar (horizontaler Entsafter mit einer Pressschnecke): *www.juicerway.com, www.saftpressenshop.de*

Slowstar (vertikaler Entsafter von Tribest): *www.keimling.de, www.vital100.de*

SoloStar 3 (horizontale Saftpresse mit einer Pressschnecke): *www.grueneperlen.com, www.keimling.de, www.perfektegesundheit.de*

V536ED von Excalibur (vertikaler Entsafter): *www.bioveganversand.at, www.keimling.de, www.swissjuicers.ch, www.vital100.de*

VRT-Modelle von *Omega* (vertikale Entsafter): *www.spitzenentsafter.com*

Impressum

Titel der Originalausgabe: *Extracteur de Jus* erschienen bei *Editions La Plage*, Paris

Translation Rights arranged with *Editions La Plage*, Paris

Lektorat: Ute Orth
Korrektorat: Ulrike Oberländer
Fotos und Food-Styling: Marie Laforêt
Foto Seite 2: Shutterstock, Seite 13: DR
Illustration: Lavandaart/Shutterstock
Gestaltung: Kurt Liebig, David Cosson
Druck: Dimograf Sp. z o.o., Bielsko-Biała/Polen

Hans-Nietsch-Verlag
Am Himmelreich 7
79312 Emmendingen

www.nietsch.de
info@nietsch.de

ISBN 978-3-86264-364-6

Estérelle Payany

Gesunde
Power
aus dem
Mixer

**Smoothies, Suppen,
kleine Gerichte & Desserts**

Für ein
Optimum an
Vitalstoffen
jeden Tag
vegetarisch/
vegan

HANS-NIETSCH-VERLAG

CLEA

Grünkohl
Der Vitalstoff-Champion

Getränke, Suppen,
Hauptspeisen, Salate,
Aufstriche & Desserts
**vegan/vegetarisch
schnell & einfach**

HANS-NIETSCH-VERLAG